Género Ficción realista

Pregunta esencial

¿Cuáles son algunos de los mensajes en los cuentos de animales?

Encontré un pajarito

Lina Patricia Cruz
ilustrado por Ryan Sanchez

Capítulo 1

Una escuela divertida

Me llamo Carolina y estudio en una escuela con hermosos jardines. Estoy en cuarto grado y en los recreos salgo con mis amigos a jugar a las escondidas, a la pelota o a la rayuela. Este último es mi juego preferido: arrojar una piedrecilla hacia una columna de cuadrados dibujados en el piso, numerados de 1 a 12; ¡cómo me divierto saltando en un pie para recoger la piedrecilla y avanzar!

Como donde estudio es una escuela rural, hay un huerto y una granja pequeña con un caballo, una yegua, una vaca, un toro, un gallo, gallinas y muchos pollitos. Además, hay un pequeño estanque con patos, pececillos multicolores, renacuajos y sapos.

En los días soleados, Lucy, mi maestra, enseña su clase de ciencias en los jardines, en la granja o en el huerto. Estos días se llaman Días de exploradores, porque nos dedicamos a observar las plantas, los insectos, los pájaros y los animales del estanque.

Cuando el clima está lluvioso, permanecemos en el salón de clases; las mesas son cómodas y podemos organizarlas para trabajar en grupo, de tal forma que nos vemos cuando hablamos y compartimos nuestros lápices de colores o materiales. Además, el salón está lleno de adornos que hacemos en la clase de arte.

Me encanta la clase de Ciencias. Todo lo que mi maestra me enseña sobre la naturaleza y la forma de vida de los animales me parece muy interesante. Mi sueño es tener una granja cuando sea mayor y poder tener muchos animales para protegerlos.

Un día, le dije a mi mamá:

—Mami, me encantaría volar como las aves. Debe ser genial extender las alas y volar por el cielo, ¿no crees?

—Claro, ¡a mí también me encantaría volar como las aves! Pueden vivir en lugares inhóspitos, gracias a sus alas; las extienden, emprenden el vuelo y exponen al sol los hermosos colores de su plumaje.

Al día siguiente, en la clase de Días de exploradores, la maestra Lucy nos pidió que buscáramos un animal y lo observáramos durante cuatro días.

—¡Qué interesante! —respondimos todos con júbilo.

—Deben escribir en su cuaderno de ciencias todo lo que su animal haga en esos días —nos explicó.

Yo estaba feliz con la tarea que nos había asignado la maestra ese día. Busqué durante un largo rato y al fin me decidí: el animal que elegiría sería un pájaro. Encontré un árbol cerca de la escuela que abrigaba un nido en sus ramas más altas. Los dos primeros días, vi que un pájaro salía volando de aquel nido y al rato aparecía con una lombriz en el pico. Me preguntaba si había uno, dos, tres o ¡más polluelos!, deseaba poder observar a toda la familia.

Al tercer día, mientras jugaba en el jardín de la escuela, escuché un chillido agudo, caminé hacia donde provenía el sonido y encontré el nido en el suelo. Debió haberse caído por el fuerte viento que hacía ese día. Me acerqué aun más, vi un polluelo pelón que piaba muy fuerte y escribí en mi cuaderno de Ciencias: "En el nido hay un polluelo con unas pocas plumitas que parecen pelos. Está piando muy fuerte; creo que algo malo le está sucediendo". No estaba muy segura de lo que debía hacer.

Estaba muy preocupada por la suerte del polluelo. Así que esperé unos minutos para ver si sus padres lo estaban buscando, pero no los vi por ningún lado. Quise subirme al árbol para regresar el nido a su lugar, pero cuando lo iba a hacer, vi que era peligroso.

Pensé que si dejaba al polluelo allí, abandonado, otro animal más grande vendría y se lo comería; además debía extrañar a sus padres, sus cálidas plumas y las sabrosas lombrices que le llevaban.

Inmediatamente, llamé a la maestra Lucy y le conté lo que había encontrado.

—Vamos a esperar hasta el final de la jornada, por si los padres lo encuentran; si no, habrá que resguardarlo —dijo la maestra.

Cuando salí de clase, mi maestra y yo fuimos al lugar donde dejé el nido y allí estaba el pajarito, que no dejaba de piar.

—No debes tocarlo, Carolina, cuando las aves perciben el olor de los seres humanos en las crías, las rechazan —me advirtió la maestra.

—¿Qué hacemos, maestra?, no lo podemos dejar solito, debe tener hambre y mucho frío. Acá le podría pasar algo. Es muy pequeño y está indefenso; si viene un animal más grande o si llueve mucho no podrá defenderse —dije.

La maestra decidió contactar al Servicio de Vida Silvestre, donde le indicaron lo que teníamos que hacer. Ella sabía que una niña como yo sería responsable y podría cuidar al polluelo hasta que pudiera ser liberado en su hábitat.

Capítulo 2

Un pajarito hambriento

Cuando llegué a casa, mi mamá acababa de salir, así que no me podía ayudar y mi abuelita estaba descansando en su cuarto. Yo sola tenía que lograr que el polluelo comiera algo. Cada vez piaba más fuerte. ¡Auxilio!, me acerqué al nido y le dije:

—Amiguito, tienes que ser paciente; intento encontrar algo que puedas comer, pero esta tarea es un poco difícil. Por favor no te desesperes, ya encontraré una solución.

El avecilla se calmó por un momento, luego continuó piando hasta que me empecé a impacientar. "¿Qué hago?", me preguntaba. Sabía que debía ser rápida para que el polluelo no pasara más hambre. Comprendía que también añoraba su hogar y el calor que sus padres le brindaban. Debía estar desconcertado.

Necesitaba que mi abuelita se despertase de su siesta o que mi mamá llegara para contarles lo que había ocurrido. Además, con tanta preocupación que tenía por el polluelo, no me acordé de las recomendaciones que me había dado la maestra, ¡estaba en un grave problema!

Detective del lenguaje	La palabra subrayada es un sustantivo común. Encuentra otro en esta página.

El pajarito seguía piando fuertemente. No me podía imaginar cómo se sentiría: estaría desorientado al ver que no estaba en su hogar, bajo las ramas y hojas que le protegían y abrigaban. De repente se me ocurrió una idea magnífica que interrumpió mis pensamientos.

Iría con mi abuela a la tienda de mascotas y preguntaría allí qué podía darle de comer al polluelo. Pero justo en ese momento, comenzó a llover a cántaros. ¡No podía salir a la calle con el pajarito!, no tuve otra opción que quedarme en casa con el nido entre una manta, para que el frío no enfermara al pajarito.

¿Qué más podía hacer?, mi paciencia se estaba acabando porque el pequeñín piaba cada vez más fuerte y sin parar.

Mientras esperaba, busqué por mi casa algún libro o revista sobre aves. Encontré un viejo libro de historia natural, lo hojeé rápidamente hasta la sección de aves y... nada. ¡Solo mencionaba a las aves prehistóricas!

Cuando mi abuelita se despertó, le expliqué rápidamente lo que había pasado, que ningún intento para que el pajarito se calmara funcionaba. De repente, se me ocurrió una idea.

—Abuelita, ¿y si buscamos información en internet? —exclamé—. ¿Cómo no lo había pensado antes?

Capítulo 3

¿Qué comen los polluelos?

Fuimos al estudio y prendimos la computadora. Lo que más me interesaba en ese momento era resolver la pregunta que rondaba mi cabeza desde hacía un par de horas: ¿Qué comen los polluelos? Con la ayuda de mi abuelita, encontré que los pajaritos comen lombrices, insectos y semillas que sus padres les ponen en el pico; también leí que deben permanecer abrigados.

Luego, buscamos información sobre cómo dar calor a una cría cuando se cae de su nido. Leí que una caja con un bombillo puede reemplazar, de alguna manera, el calor de sus padres.

Así que tomé la lámpara que estaba en mi mesa de noche y la metí en una caja de cartón que encontré vacía en el desván. Luego tomé el nido y lo puse allí: el polluelo se calmó por un momento. Parecía que el calor de la bombilla le hacía bien. Mi abuelita y yo respiramos aliviadas.

Lo dejamos allí y yo comencé a buscar semillas. Creía que a él le encantaría el ajonjolí, o las lentejas, pero estaba equivocada. Entonces, opté por los insectos: le llevé una arañita, pero no quiso comerla; luego le acerqué un mosquito y también lo rechazó.

Incluso intenté con moscas y polillas, pero la cacería de todos estos insectos me había dejado agotada. Tuve que buscar en los lugares menos imaginables de mi casa: debajo de los muebles, en los rincones y hasta en el sótano.

Pero mis esfuerzos fueron en vano porque el pajarito no probó nada de lo que le ofrecí. Por un momento me sentí malhumorada y recordé a mi madre cuando me regaña por no tomar mis alimentos.

Entonces, me acerqué al pajarito y le dije:

—¿Cómo quieres que se te pase el hambre si no comes lo que te doy? Eres un ave y las aves comen insectos, así que tú deberías comer insectos.

El pequeñín seguía piando sin prestarme ni una pizca de atención.

Cuando mi mamá llegó a casa, yo estaba sentada junto a mi abuelita Sara. Estaba muy triste y preocupada.

—¿Caro?, ¿te pasa algo? —me preguntó.

Corrí a donde estaba mi mamá y la abracé con todas mis fuerzas. Luego me senté junto a mi abuelita y mi mamá y, mientras las tres merendábamos, le conté todo lo que había sucedido con el pajarito.

—Mami, tengo miedo de que le ocurra algo malo —le dije—, ¡es tan pequeñito! Me preocupa que no quiera comer y no se ponga bien. Quiero que pueda volver a su hábitat y volar libre, que encuentre a sus padres y se recupere.

—Lo sé, hija —respondió mi mamá—. Por ahora te propongo que le demos migas de pan y un poco de agua. Poco a poco se irá recuperando, ya vas a ver.

Aunque mi mamá había logrado tranquilizarme un poco con sus palabras, todavía me sentía mal, pues pensaba que le podía estar causando problemas al pajarito, por querer cuidarlo como una madre. Sin embargo, el pajarito finalmente logró comer unas pocas migas de pan y un poco de agua.

Detective del lenguaje	**La palabra subrayada inicia con mayúscula; es un sustantivo propio. Encuentra otro en esta página.**

Capítulo 4

¡Qué complicado es ser mamá!

Al día siguiente, tomé el nido, y fui con mi mamá a la escuela. Cuando llegamos, hablamos con la maestra y decidimos contarle la historia a Jorge, un señor simpático que trabajaba en la escuela como jardinero. Le pedimos ayuda para devolver el nido a su lugar.

Con el nido en una mano, Jorge subió por una escalera hasta el lugar que yo le había indicado, lo puso entre las ramas del árbol y lo aseguró con mucho cuidado. Cuando bajó, me dijo:

—Ahora debemos esperar. Ojalá no se haya contaminado con el olor del ser humano, pues sus padres lo pueden rechazar. Las aves son muy celosas. Son cosas de la naturaleza.

—¿Es posible que el pajarito no sobreviva? —pregunté con un nudo en la garganta.

—Tal vez, pero también es posible que un pájaro lo adopte —me animó mi maestra.

Me preguntaba quién tenía razón: Jorge con su mirada objetiva, o mi maestra, quien me daba esperanza.

Estaba muy preocupada. Si los padres no alimentaban al polluelo, este enfermaría y moriría. El jardinero se alejó. La maestra Lucy, mi mamá y yo esperamos un rato, y al fin llegó un pájaro. No estábamos seguras de si se trataba de la mamá o el papá, pero tal como lo había dicho Jorge, se acercó, observó unos segundos al polluelo y levantó vuelo.

Estaba preocupada porque el haber tocado el nido del pajarito podría hacer que su familia no lo quisiera. Pero mi mamá me explicó que si no lo hubiese rescatado, seguramente el pequeño habría sido el bocadillo de algún gato travieso.

Me dijo también que ahora debíamos esperar. Nos sentamos en una banca a leer un cuento y de vez en cuando echábamos un vistazo al árbol.

De pronto, vimos que otro pájaro se acercó al nido. Traía una lombriz pequeña en su pico. Se la ofreció al polluelo y este la recibió con gusto. ¡Glup! Se la tragó en un segundo. ¡El pobre debía estar muy hambriento!

Después, mi mamá y yo regresamos a casa muy felices porque finalmente el polluelo estaba en su hábitat y había encontrado un pájaro que lo alimentara. Le explicamos todo a mi abuelita quien se puso muy contenta también.

El último día de la observación de animales, cuando cada uno debía contar su experiencia, yo tenía mi cuaderno lleno de las notas que había escrito gracias al polluelo.

Además de contar cuál era el animal que había observado y cómo vivía, les enseñé a mis compañeros la importancia de cuidar a los animales y devolverlos a su hábitat. También aprendí que la labor de ser papá o mamá no es tan fácil.

Al poco tiempo, el pajarito tenía más plumas y podía caminar en la rama del árbol. Luego de unas semanas, aprendió a volar. Su madre o padre adoptivo lo alimentó y le enseñó a volar y a conseguir su comida.

Por mi lado, continué soñando con ser un pájaro que volaba. Sin embargo, cuando recordaba que estos comen lombrices e insectos, ya no quería ser un pájaro y estaba contenta de ser una niña y poder comer helados y tortas.

Respuesta a la lectura

Resumir

Usa los detalles más importantes de *Encontré un pajarito* para resumir el cuento. Usa el organizador gráfico como ayuda.

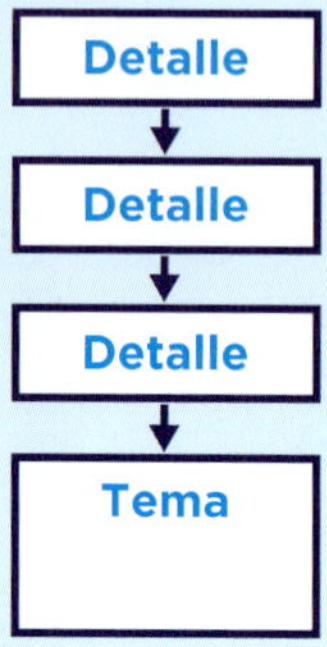

Evidencia en el texto

1. ¿Cómo sabes que este cuento es ficción realista? Identifica tres características que lo sustenten. **GÉNERO**

2. ¿Por qué Carolina recogió el nido que se había caído del árbol? **TEMA**

3. ¿Cuál es la raíz de la palabra *alimento,* en la página 10? ¿Qué otra palabra puedes formar con esta raíz? **RAÍCES DE PALABRAS**

4. Escribe acerca de lo que Carolina hizo por el pajarito. ¿Cuál fue la lección que aprendió la niña? **ESCRIBIR SOBRE LA LECTURA**

Género **Fábula**

Compara los textos

Lee la historia de una zorra que le enseñó a un cuervo una lección acerca de la vanidad.

La zorra y el cuervo

Zorra, cansada y hambrienta, se dirigía a su casa. Había tratado de cazar a un ratón, pero este lograba escaparse una y otra vez. Lo mismo le ocurrió poco antes, cuando intentó cazar un conejo. Sencillamente, ¡no era su día!

De repente, observó a Cuervo que estaba en la copa de un árbol. Sostenía en su pico un gran trozo de queso cremoso y amarillo.

"Mi suerte está a punto de cambiar", pensó con codicia. "Los cuervos se pasan la mitad de la vida admirándose. Si le digo que luce encantador, me hablará y dejará caer el queso".

Zorra se puso bajo la rama donde estaba el cuervo.

—¡Hola, Cuervo! —dijo.

Cuervo quedó tan sorprendido que casi pierde el equilibrio.

—Estaba admirando tus hermosas y relucientes alas —dijo Zorra.

"La zorra me está halagando para que deje caer mi queso", pensó Cuervo.

Aunque él no dijo nada, se sintió satisfecho y sacudió sus alas para demostrarle a Zorra que había comprendido.

"No puedo dejarle saber que me doy cuenta de lo que trata de decirme, o estropearé mi plan", pensó Zorra. "Pero si continúo haciéndole cumplidos, con seguridad olvidará el queso tarde o temprano y, entonces, hablará".

—¡Mira la forma armoniosa de las plumas de tu cola! —continuó Zorra—. ¡Nunca había notado que cada pluma parece un reflejo de la otra!

Cuervo debió admitir que él tampoco había visto eso nunca y con mucho cuidado de no abrir su pico, giró la cabeza para echar un vistazo.

"Mi plan aún no funciona", pensó Zorra. "Tengo que seguir tratando. ¡No es por nada que a algunas aves las llaman 'cabezas de chorlito'!".

—Tus patas deben ser perfectas para posarse —dijo Zorra con astucia—. ¿Cómo se volvieron tan fuertes y musculosas?

Manteniendo su pico firmemente cerrado para sujetar el queso, Cuervo miró sus patas.

"Son fuertes, ¿verdad?", pensó. "Me encantaría explicarle a la zorra que su fortaleza se debe a mis despegues y aterrizajes, pero no puedo ser tan honesto, porque si lo hago perderé mi comida".

"Creo que él se da cuenta de lo que pretendo hacer", pensó Zorra. "Haré un último intento, pues si no consigo algo para comer pasaré una noche miserable".

Zorra observaba a Cuervo desde la cabeza hasta las garras, pensando en un nuevo cumplido, cuando observó algo que no había notado.

—¿Sabes que tu característica más hermosa son tus ojos redondos como dos lunas? —preguntó Zorra.

¡Cuervo quedó vencido ante semejante atención! Sin pensarlo, replicó:

—¡Gracias por tus maravillosos cumplidos, Zorra!

Cuando Cuervo habló, el trozo de queso cayó directamente de su pico al hocico de Zorra, que lo esperaba. Con una dentellada, la zorra tragó el queso.

—¡Zorra! —graznó el cuervo—. ¡Me engañaste!

—Lo hice —replicó la zorra—. En verdad eres hermoso, Cuervo —le dijo volviendo la cabeza—. ¡Pero también eres un cabeza de chorlito!

Moraleja: El que mucho halaga, fácilmente engaña.

¿? Haz conexiones

¿Cuál es el mensaje de *La zorra y el cuervo*? **PREGUNTA ESENCIAL**

Compara a Carolina con el cuervo. ¿Qué podemos aprender de cada uno de ellos? **EL TEXTO Y OTROS TEXTOS**

Enfoque:
Elementos literarios

Imaginería La imaginería es el lenguaje descriptivo que nos ayuda a formarnos una idea mental más clara. Los escritores se valen de la imaginería para describir cómo se ven, se sienten, suenan, huelen o saben algunas cosas. Gracias a la imaginería, podemos comprender mejor un relato.

Lee y descubre En la página 9 de *Encontré un pajarito*, Carolina tenía una pregunta que "rondaba su cabeza". Esta expresión pinta una imagen en nuestra mente. Podemos ver las ideas que van y vienen, y sentimos que a Carolina le preocupa algo. En la página 12, a la niña se le forma "un nudo en la garganta", cuando el jardinero dice que tal vez los padres del polluelo no lo alimentarán. Podemos percibir la tristeza que ella siente, la cual se manifiesta físicamente.

Tu turno

Elige un personaje, un lugar o un suceso de *Encontré un pajarito* y utiliza imágenes para describirlo llamativamente. Escribe tu descripción y luego léela en voz alta a tus compañeros de clase.